Danke
Von Herzen sage ich danke an alle meine Mitstreiter/-innen und Backfreunde – Marlies, Doris, Helga, Inge, Axel und Monika. Es ist immer wieder eine große Freude, mit euch, der KitchenAid und den feinsten Zutaten in der Küche kreativ zu sein. Sandra, es ist einfach großartig, wie du immer wieder meine Backwerke in Szene setzt – danke.
Eure Claudia

Impressum

HEEL Verlag GmbH
Gut Pottscheidt
53639 Königswinter
Tel.: 02223 9230-0
Fax: 02223 9230-13
E-Mail: info@heel-verlag.de
Internet: www.heel-verlag.de

Fotos: Sandra Then
Projektleitung: Christine Birnbaum
Satz und Gestaltung: Christine Mertens

Printed in Slovakia

ISBN: 978-3-95843-348-9

CLAUDIA JASINSKI
SANDRA THEN (FOTOS)

KOCHEN & BACKEN MIT DER KITCHENAID

Weihnachts Bäckerei

PLÄTZCHEN · KUCHEN · KLEINGEBÄCK

HEEL

Inhalt

Schwierigkeitsgrad der Rezepte von ✻ (sehr einfach) bis ✻ ✻ ✻ ✻ ✻ ✻ (anspruchsvoll)

Liebe Bäckerinnen und Bäcker!

Verrühren und Kneten und auch das Aufschlagen in all seinen Varianten, ob schaumig oder steif – es gibt fast nichts, was sie nicht kann … und schön ist sie auch noch. Ein Statement des guten Geschmacks, wenn sie so dasteht auf der Küchenarbeitsplatte, in allen erdenklichen Farben, vom zarten Pastellrosa bis zum edlen Chrom. In Abwandlung eines Bonmots des großen Loriot ist das Backen ohne KitchenAid sicher möglich, aber sinnlos.

Ja natürlich, man kann mit jeder x-beliebigen Küchenmaschine ans Werk gehen. Allerdings nur ans Werk. Aber es fällt schon deutlich schwerer, neben der pragmatischen Teigzubereitung mit irgendeiner Maschine das Gute-Laune-Gefühl zu provozieren, gegen das man sich gar nicht wehren kann, wenn man den gutaussehenden Koloss mit seinem unvergleichlichen Design zur Arbeit bittet.

Aber eigentlich stehen wir alle ja, auch wenn wir sie lieben, unsere KitchenAid, am Ende doch wegen des Genusses fertigen Backwerks an der KitchenAid und vor dem Herd. Aus diesem Grund ist die Auswahl der Rezepte dieser Weihnachtsbäckerei genauso unwiderstehlich wie die Maschine, mit der die Leckereien ofenfertig gemacht werden.

Viele genussvolle Momente
beim Zubereiten und Schlemmen!

Claudia Jasinski

ARTISAN

Orangen-Safran-Toffee

ca. 50 Stück

Teig:

300 g Blockschokolade (mind. 40 % Kakao)

500 g brauner Rohrzucker

250 g Crème double

30 g Kokosfett

Krokant:

100 g gehackte Mandeln

100 g Zucker

1 EL Wasser

1 TL Butter

Abrieb einer Bio-Orange

Verzierung:

einige Safranfäden

Zesten einer Bio-Orange

1 Ein Blech mit Backpapier belegen und beiseitestellen. Für den Krokant in einer beschichteten Pfanne 100 g Zucker mit 1 EL Wasser schmelzen. Die Butter hinzufügen und ebenfalls schmelzen. Die gehackten Mandeln dazugeben und goldbraun rösten. Den Orangenabrieb hinzufügen und den Krokant sofort zum Trocknen auf dem vorbereiteten Backpapier verteilen. Nach dem Trocknen gegebenenfalls alles nochmal fein hacken.

2 Die dunkle Schokolade im Blender mit der Messerfunktion grob hacken. Den braunen Zucker und das Kokosfett mit der Crème double und der zerhackten Schokolade im Wasserbad unter ständigem Rühren auflösen.

3 Den Boden einer rechteckigen Form (ca. 20 x 25 cm) mit Backpapier auslegen. An den 2 gegenüberliegenden Enden etwas Papier überstehen lassen, so entstehen 2 „Griffe“ zum späteren Herausnehmen.

4 Wenn alle Zutaten vollständig aufgelöst sind, die fertige Toffee-Masse in die vorbereitete Form füllen und mit Krokant bestreuen. Mindestens 8 Stunden (idealerweise über Nacht) in den Kühlschrank stellen. Den Toffee-Block mithilfe des Backpapiers herausheben, mit den Zesten und den Safranfäden bestreuen, in Bonbongroße Stücke schneiden, zuerst in Butterbrotpapier und dann in Seidenpapier einpacken.

Engelsaugen

ca. 60 Stück

BACKZEIT: 10–15 MINUTEN
BEI 160 °C UMLUFT/180 °C
OBER- UND UNTERHITZE

Teig:

200 g gesalzene Butter
100 g brauner Rohrzucker
1 Ei
1 TL Honig
300 g Weizenmehl
Abrieb einer Bio-Zitrone

Füllung:

200 g Himbeergelee

Verzierung:

Puderzucker zum Bestäuben

1 Die Zutaten für den Teig mit dem Flachrührer zu einem Teig verkneten und anschließend mit bemehlten Händen zu einer glatten Kugel formen. Im Kühlschrank mindestens 4 Stunden ruhen lassen.

2 Den Teig zu einer länglichen Rolle formen. Mit dem Messer in gleich große, ca. 2 cm breite Stücke schneiden. Diese Stücke zu gleichmäßigen, nussgroßen Kugeln formen und auf ein mit Backpapier ausgelegtes Backblech setzen. Mit dem Ende eines Kochlöffels vorsichtig jeweils eine tiefe Mulde in die Kugeln drücken.

3 Das Gelee in einem kleinen Kochtopf verflüssigen und anschließend mithilfe eines Teelöffels das flüssige Gelee in die Mulden füllen.

4 Die Engelsaugen 10–15 Minuten im vorgeheizten Ofen backen. Die Kekse auf einem Rost kurz auskühlen lassen und dann mit Puderzucker bestäuben.

Falls die Füllung nach dem Backen etwas zusammengefallen ist, die Plätzchen erst mit Puderzucker bestäuben, dann etwas Gelee nachfüllen und im noch warmen, offenen Ofen trocknen lassen.

Schokoladen-Orangen-Torte

ca. 20 Tortenstücke

✻✻✻✻✻✻

BACKZEIT: 40–50 MINUTEN
BEI 150 °C UMLUFT/170 °C
OBER- UND UNTERHITZE
SPRINGFORM Ø 22 CM

Teig 1 (dunkler Kuchen):

110 g Blockschokolade (mind. 40 % Kakao)
150 ml Vollmilch (oder Sahne)
340 g brauner Rohrzucker
110 g Butter
3 Eier
230 g Weizenmehl
3 EL Kakaopulver
1 TL Backpulver
1 TL Natron

Zum Tränken des dunklen Kuchens:

100 ml Espressosirup (S. 17)

Teig 2 (heller Kuchen):

200 g gesalzene Butter
200 g Zucker
4 Eier
200 g Weizenmehl
2 TL Backpulver

Zum Tränken des hellen Kuchens:

100 ml Orangensirup (S. 17)

Füllung:

200 g Orangenmarmelade

Schokoladencreme:

400 g Blockschokolade (mind. 40 % Kakao)
450 ml Sahne
1 EL Lebkuchengewürz

1 Für die Schokoladencreme die Schokolade, die Sahne und 1 EL Lebkuchengewürz im Wasserbad auflösen. Die Creme zum Abkühlen in den Kühlschrank stellen.

2 Teig 1 zubereiten. Dazu die Schokolade, die Milch und die Hälfte des Zuckers in einem Topf auf dem Herd unter Rühren schmelzen. Den restlichen Zucker, die Butter und die Eier mit dem Flachrührer der KitchenAid schaumig schlagen. Das Mehl, das Kakaopulver, das Backpulver und das Natron hinzugeben. Die warme Schokoladenmasse unter langsamem Rühren auf Stufe 1 hinzulaufen lassen.

3 Teig 2 zubereiten. Dazu den Butter, den Zucker und die Eier mit dem Flachrührer der KitchenAid schaumig schlagen. Das Mehl und das Backpulver hinzufügen.

4 Zwei Kuchenformen (Ø 22 cm) mit Backpapier auslegen. Den ersten Teig in die eine, den anderen Teig in die zweite Kuchenform geben. Beide Kuchen ca. 40–50 Minuten im vorgeheizten Ofen backen, wobei der dunkle Kuchen etwas länger braucht. Einen Holzspieß in den Kuchen stecken und die Garprobe machen. Bleibt kein Teig hängen, ist der Kuchen durchgebacken.

5 In die noch warmen Kuchen mithilfe des Holzspießes kleine, tiefe Löcher stechen.

6 Den Orangensirup in die Löcher des hellen Kuchens tröpfeln lassen. Den Espressosirup über die Löcher des dunkeln Kuchens gießen. Diesen Vorgang wiederholen, bis der Sirup vollständig aufgebraucht ist. Beide Kuchen abkühlen lassen. Die Kuchen anschließend waagerecht aufschneiden, sodass Sie am Ende fünf Kuchen erhalten (2 x hell, 3 x dunkel).

7 Die Kuchen nun zu einer Torte schichten. Mit einem der drei Schokoladenkuchen beginnen. Zunächst mit 2–3 EL der Schokoladencreme, dann mit 2 EL der Orangenmarmelade bestreichen. Nun die erste Hälfte des hellen Kuchens aufsetzen. Erneut mit Schokoladencreme und Orangenmarmelade bestreichen. Dann den zweiten Schokoladenkuchen aufsetzen und wiederum mit Schokoladencreme und Orangenmarmelade bestreichen. Gleiches gilt für die zweite Hälfte des hellen Kuchens. Den letzten dunklen Kuchen aufsetzen und die Schichttorte mit der Schokoladencreme abschließen. Die Orangenmarmelade sollte nun aufgebraucht sein, von der Schokoladencreme hingegen sollten noch etwa ¾ vorhanden sein.

▼

Schokoladen-Orangen-Torte

8 Die Torte dann in Folie einwickeln und über Nacht in den Kühlschrank stellen. Anschließend die Torte vollständig dünn mit der Schokoladencreme bestreichen.

9 Die übrige Schokoladencreme ganz kurz in der KitchenAid aufschlagen und in einen Spritzbeutel mit gerader Rosentülle füllen. Die Seiten der Torte im Wellenmuster einspritzen. Anschließend die Oberfläche der Torte im Kreis verzieren. Bitte beachten: Die flache Seite der Spritztülle sollte immer der Torte abgewandt sein. Falls Sie keine Spritztülle besitzen, können Sie die Schokoladencreme auch frei Hand mit einer Palette oder einem ganz glatten, flachen Messer auf die Torte auftragen.

10 Die Torte nun nach Belieben verzieren. Zum Beispiel mit goldenen Papiersternen.

Sowohl der Espressosirup, als auch der Orangensirup lassen sich sehr leicht selbst herstellen:

Für 100 ml Espressosirup
80 g Zucker und 1 Espresso (6 EL)
zusammen aufkochen.

Für 100 ml Orangensirup
80 g Zucker, 3 EL Orangenlikör (Grand Marnier) und
3 EL Orangensaft zusammen aufkochen.

Saftiger Orangenkuchen

ca. 12 Kuchenstücke

BACKZEIT: 40–45 MINUTEN
BEI 180 °C UMLUFT/200 °C
OBER- UND UNTERHITZE
SPRINGFORM (Ø 22 CM)

Teig:

2 Bio-Orangen
175 g Weizenmehl
6 Eier
120 g brauner Rohrzucker
200 g Butter
1 Tütchen Bourbon-Vanillezucker
50 g gemahlene Mandeln
1 Tütchen Backpulver
140 g feiner Hartweizengrieß (oder Bio-Maisgrieß)

Orangen-Sirup (200 ml):

8 EL frisch gepresster Orangensaft (Saft aus ca. 1 Bio-Orange)
4 EL Orangenlikör (Grand Marnier)
160 g Zucker

Verzierung:

1–2 Bio-Orangen (nach Belieben)
100 g Zucker
10 EL kaltes Wasser
1 Prise Salz

1 Die für den Teig benötigten Orangen heiß abwaschen, abtrocknen und die Schale abreiben. Die Orangen auspressen.

2 Die Eier trennen und das Eiweiß mit dem KitchenAid-Schneebesen steif schlagen. Die eigelbe beiseite stellen. Die Hälfte des Zuckers sehr langsam dazu geben.

3 Die Butter, den restlichen Zucker, den Bourbon-Vanillezucker und die Eigelbe mit dem Flachrührer schaumig schlagen. Den Orangensaft, die abgeriebene Schale und die gemahlenen Mandeln zum Teig hinzugeben.

4 Das Mehl, das Backpulver und den Grieß unter den Teig rühren. Den Eisschnee unterheben. Eine Kuchenform (Ø 22 cm) mit Backpapier auslegen und mit dem Teig befüllen. Den Teig glattstreichen. Den Kuchen dann 40–45 Minuten im vorgeheizten Ofen backen.

5 Unterdessen den Sirup herstellen. Dazu den Zucker, den Orangensaft und -likör kurz aufkochen lassen.

6 Mit einem Holzspieß kleine Löcher in den fertigen Kuchen stechen. Den Sirup dann über den Kuchen träufeln und in die Löcher laufen lassen.

7 Für die Verzierung die Bio-Orange(n) heiß abspülen, abtrocknen und in hauchdünne Scheiben schneiden. Den Zucker zusammen mit 5 EL Wasser in einem Topf karamellisieren. Dann 1 Prise Salz und nochmals 5 EL Wasser hinzugeben. Die Orangenscheiben in das Karamell hineingeben und wenden. Die Scheiben zusammen mit dem Karamell auf dem Kuchen verteilen.

1-2 Tage im Voraus zubereiten!
Der Kuchen wird immer saftiger und leckerer …

Apfel-Zimt-Kuchen

ca. 20 Kuchenstücke

BACKZEIT: 35–40 MINUTEN
BEI 175 °C UMLUFT/ 195 °C
OBER- UND UNTERHITZE
2 X SPRINGFORM Ø 20 CM
ODER EIN BACKBLECH

Teig:

300 g Butter
180 g brauner Rohrzucker
3 Eier
225 g Weizenmehl
100 g zarte Haferflocken
1 Tütchen Backpulver
1 TL Zimt

Füllung:

10 säuerliche Äpfel (z. B. Elstar oder Braeburn)
5 EL brauner Rohrzucker
3 TL Zimt

1 Die Butter und den Zucker mit dem Flachrührer zu einer schaumigen Masse verrühren. Die Eier unterrühren. Das Mehl, die Haferflocken, das Backpulver und den Zimt zu der Butter-Eier-Mischung geben und alles gut miteinander vermengen.

2 Den Teig in ein mit Backpapier ausgelegtes Blech geben. Alternativ reicht der Teig auch für zwei kleine runde Springformen (Ø 20 cm).

3 Die Äpfel schälen, halbieren, die Kerngehäuse entfernen und in feine Spalten schneiden. 5 EL Zucker und 3 TL Zimt miteinander vermischen.

4 Die Apfelspalten auf dem Kuchen verteilen und die Zucker-Zimt-Mischung darüber streuen. Den Kuchen 35–40 Minuten im vorgeheizten Ofen backen und dann auskühlen lassen.

Mascarpone-Zimt-Torte

ca. 16 Stücke

✱✱✱✱✱✱

SPRINGFORM (Ø 22 CM)

Boden:

200 g Spekulatius
100 g Butter

Füllung:

6 Blatt Gelatine
500 g Quark (10 % Fett)
500 g Mascarpone
200 g Zucker (sehr fein)
1 TL Zimt
3 EL Honig
250 g Sahne

Verzierung:

2 TL Zimt
200 ml Sahne
20 Spekulatiuskekse
20 g gehobelte Mandeln

Außerdem:

1 Tortenspitze als Schablone (ca. Ø 15 cm)

1 Für den Boden die Spekulatius zerkrümeln und zusammen mit der ganz weichen Butter in der KitchenAid mit dem Flachrührer mischen.

2 Den Rand einer Springform (Ø 22 cm) auf eine Tortenplatte stellen und die Keksmischung fest hineindrücken. Dann kalt stellen.

3 Die Gelatine in kaltem Wasser einweichen.

4 Den Quark, den Mascarpone (bis auf 2 EL) und den Zucker mit dem Flachrührer vermengen. Den Zimt und den Honig hinzufügen.

5 Die gequollene Gelatine ausdrücken und im Topf bei kleiner Hitze auflösen.

6 Die übrigen 2 EL Mascarpone unter die Gelatine rühren. Diese Mischung dann unter die Mascarponecreme in der KitchenAid rühren und gut vermengen.

7 Die Sahne mit dem Schneebesen steif schlagen und unter die Masse heben.

8 Die Creme auf den Spekulatiusboden geben und glatt streichen. Die Torte über Nacht kalt stellen.

9 Den Rand der Springform vorsichtig lösen. Für die Verzierung die Sahne steif schlagen. Die Tortenspitze auf die Tortenoberfläche legen und die ganze Torte mit Zimt bestäuben. Die Tortenspitze vorsichtig entfernen. Die Hälfte der Sahne an die Außenseite der Torte streichen und hochkant mit Spekulatius bekleben. Die restliche Sahne mithilfe einer Spritztülle auf die Torte dekorieren. Die gehobelten Mandeln kurz rösten und die aufgespritzte Sahne damit bestreuen.

JAMIE OLIVER

500 ML
1000ML

Calissons

ca. 40 Stück

Teig:

140 g getrocknete Aprikosen

200 g gemahlene Mandeln

1 EL Akazienhonig

4 EL Puderzucker

2–3 rechteckige Backoblaten, 220 x 120 mm

Puderzucker zum Bestäuben der Arbeitsfläche

Glasur:

1 EL Eiweiß

150–200 g Puderzucker

1 Die Aprikosen im Blender mit der Messerfunktion fein hacken. Die Aprikosen, die gemahlenen Mandeln und den Honit mit Puderzucker besieben und zu einem festen Teig kneten.

2 Den Teig auf einer mit Puderzucker bestäubten Arbeitsfläche ca. 1 cm dick ausrollen. Die Masse auf die Oblaten legen und vorsichtig mit den Händen festdrücken.

3 Mit einer runden Ausstechform (Ø 4 cm) Kreise ausstechen. Den Ausstecher erneut ansetzen und aus den runden Formen die Mondsicheln und typischen (Calisson-) Ellipsen ausstechen. Damit der Ausstecher nicht festklebt, zwischendurch immer wieder in Wasser tauchen.

4 Für die Glasur das Eiweiß mit dem Puderzucker zu einer glatten Flüssigkeit verrühren. Die Oberseite der Calissons mit der Glasur bestreichen und trocknen lassen.

Engelswolken

ca. 45 Stück

BACKZEIT: 10–12 MINUTEN
BEI 180 °C UMLUFT/200 °C
OBER- UND UNTERHITZE

Teig:

200 g Mandelstifte
280 g Weizenmehl
250 g Butter
125 g Zucker
1 Eigelb

Verzierung:

Puderzucker zum Bestäuben

1 Die weiche Butter, den Zucker und das Eigelb mit dem Flachrührer vermengen. Das Mehl untermischen, dann die Mandelstifte unterrühren.

2 Den Teig im Kühlschrank mindestens 1 Stunde ruhen lassen.

3 Ein Backbleck mit Backpapier auslegen. Die Teigmasse dann in kleinen Häufchen (am besten mithilfe von zwei Teelöffeln) auf dem Backblech verteilen.

4 Die Plätzchen im vorgeheizten Ofen ca. 10–12 Minuten backen, bis sie hellgelb oder leicht gebräunt sind. Dann abkühlen lassen.

5 Zum Abschluss mit dem Puderzucker bestäuben.

Für mich ist dieses Mandelgebäck sehr weihnachtlich, in Italien dagegen ein Klassiker zum Espresso – und damit eigentlich das ganze Jahr über ein leichter Genuss!

Christmas-Crossies

ca. 50 Stück

300 g weiße Kuvertüre
30 g Kokosfett
100 g Softaprikosen
100 g Mandelstifte
100 g Cornflakes

1 Die Kuvertüre im Blender mit der Messerfunktion zerkleinern und anschließend im Wasserbad zusammen mit dem Kokosfett schmelzen.

2 Die Aprikosen ebenfalls im Blender fein zerkleinern und dann mit den Mandeln und den Cornflakes unter die flüssige Schokolade heben. Gut umrühren.

3 Zwei Backbleche mit Backpapier auslegen. Die Masse in kleinen Häufchen, am besten mithilfe von zwei Teelöffeln, auf dem Backblech verteilen und trocknen lassen.

Durch das Kokosfett werden die Crossies schön glänzend …

Für Kinder die Aprikosen durch 100–200 g bunte Mini-Schokolinsen (Smarties) ersetzen.

Cranberry-Erdnuss-Bäume

ca. 25 Stück

BACKZEIT: 15 MINUTEN
BEI 180 °C UMLUFT/200 °C
OBER- UND UNTERHITZE

Teig:

300 g Weizenmehl
200 g gesalzene Butter
200 g brauner Rohrzucker
2 Eier
100 g zarte Haferflocken
1 TL Backpulver
1 Prise Zimt

Füllung:

100 g getrocknete Cranberries
225 g gesalzene und geröstete Erdnüsse
150 g Zucker
150 ml Sahne
4 EL Johannisbeergelee

1 Die Butter und den Zucker mit dem Flachrührer zu einer schaumigen Masse schlagen. Die Eier unterrühren. Das Mehl, die Haferflocken, das Backpulver und den Zimt separat vermischen und dann unter die Butter-Eier-Mischung heben und alles gut miteinander vermengen. Den Teig kalt stellen.

2 Die Cranberries im Blender mit der Messerfunktion fein hacken. Dann die Erdnüsse dazugeben. Vorsicht: Nicht zu staubig werden lassen.

3 Den Zucker und die Sahne aufkochen. Die Nussmischung unterrühren und ein paar Minuten abkühlen lassen. Unterdessen das Gelee schmelzen und den Teig zu 2 Rechtecken ausrollen.

4 Die rechteckigen Teigplatten jeweils in ein mit Backpapier ausgelegtes Backblech geben und mit dem Gelee bestreichen. Die Nussmasse darüber geben. Beide Bleche 15 Minuten im vorgeheizten Ofen backen. Abkühlen lassen und schließlich zu Bäumen schneiden. Dazu die beiden Rechtecke der Länge nach halbieren. Die so entstehenden 4 Streifen in spitze Dreiecke („Bäume") schneiden.

Klassisches Spritzgebäck

ca. 60 Stück

BACKZEIT: 13 MINUTEN
BEI 180 °C UMLUFT/200 °C
OBER- UND UNTERHITZE

Teig:

500 g Weizenmehl
250 g gesalzene Butter
200 g Puderzucker
4 Eigelb
2 Tütchen Vanillezucker

Verzierung:

200 g Zartbitterkuvertüre

1 Die Butter und das Eigelb mit dem Flachrührer schaumig rühren. Den Puderzucker und den Vanillezucker zügig unter die Masse kneten bis ein geschmeidiger Teig entsteht. Den Teig dann im Kühlschrank ruhen lassen, idealerweise über Nacht.

2 Den kalten Plätzchenteig durch den KitchenAid-Fleischwolf mit Spritzgebäckaufsatz drehen. Den Teig, während Sie ihn vom Spritzgebäckaufsatz abnehmen, nochmal um die eigene Achse drehen – so werden die Plätzchen besonders schön.

3 Die Plätzchen auf einem mit Backpapier ausgelegten Blech verteilen und im vorgeheizten Ofen ca. 13 Minuten backen bis sie leicht goldbraun sind.

4 Schokolade schmelzen lassen und das fertige Spritzgebäck in ein Gefäß mit der flüssigen Schokolade tunken und verzieren. Alternativ einen ganz dünnen Strahl flüssiger Schokolade im Zick–Zack über die Kekse spritzen.

Die verbleibenden Eiweß z. B. für die Makronenrezepte auf Seite 74 verwenden.

Cantuccini

ca. 45 Stück

BACKZEIT: 15 + 10 MINUTEN
BEI 180 °C UMLUFT/200 °C
OBER- UND UNTERHITZE

25 g gesalzene Butter
180 g Zucker
2 Eier
2 Tütchen Vanillezucker
250 g Weizenmehl
1 TL Backpulver
175 g ganze Mandeln
6 Tropfen Bittermandelöl

1 Die Butter und den Zucker mit dem Flachrührer in der KitchenAid schaumig schlagen. Die Eier hinzufügen und zusammen mit dem Vanillezucker, dem Backpulver, dem Bittermandelöl, dem Mehl und den Mandeln zu einem glatten Teig kneten.

2 Den Teig zu 3 Rollen formen und auf einem mit Backpapier ausgelegten Backblech verteilen. Im vorgeheizten Ofen 15 Minuten vorbacken und abkühlen lassen.

3 Den Teig schräg in etwa 1 cm dicke Scheiben schneiden. Die Kekse wieder auf das Backblech legen und erneut 10 Minuten rösten, bis sie goldbraun sind.

Wer ein besonders weihnachtliches Aroma mag, kann dem Teig noch 50 g gehackte Schokolade (mindestens 40 % Kakaoanteil), je eine Prise Kardamom und Piment hinzufügen.

Mandel-Spekulatius

ca. 60 Stück

BACKZEIT: 10–12 MINUTEN
BEI 180 °C UMLUFT/200° C
OBER- UND UNTERHITZE

Teig:

300 g Weizenvollkornmehl
50 g gemahlene Mandeln
175 g gesalzene Butter
125 g brauner Rohrzucker
3 EL Sahne
½ TL Kardamom
1 Prise Zimt
1 Prise Piment

Verzierung:

100 g Mandelblättchen

1 Die Butter und den Zucker mit dem Flachrührer schaumig schlagen. Das Mehl und die gemahlenen Mandeln untermischen.

2 Die Sahne, den Kardamom, den Zimt und den Piment hinzugeben und vermengen. Den Teig in Folie wickeln und im Kühlschrank mindestens 1 Stunde, am besten über Nacht, ruhen lassen.

3 Den Teig auf einer mit Mandelblättchen bestreuten Arbeitsfläche ca. 4 mm dick ausrollen. Dann in kleine Rechtecke schneiden.

4 Die Spekulatius mit der Mandelseite nach unten auf ein mit Backpapier ausgelegtes Backblech legen. Dann 10–12 Minuten im vorgeheizten Ofen backen, bis sie goldbraun sind.

Ein mit einem Muster graviertes Nudelholz verleiht den Spekulatius eine besonders schöne Optik und ersetzt das traditionelle „Spekulatiusbrett".

Blattgoldengel

ca. 25 Stück

BACKZEIT: 8 MINUTEN
BEI 180 °C UMLUFT/200 °C
OBER- UND UNTERHITZE

Teig:

500 g Weizenmehl
150 g brauner Rohrzucker
225 g Zuckerrübensirup
150 g gesalzene Butter
1 TL Ingwerpulver
3 TL Zimt
1 TL Kardamom
2 TL Natron
1 Ei

Verzierung:

10 Blättchen Blattgold
2 EL goldenen Streusternchen

Als Schneidehilfe für die Engel kopieren und vergrößern Sie sich am besten den Engel und nutzen diese Schablone zum Ausschneiden der Engelform.

1 Den Zucker, den Sirup und die Butter in einem Topf schmelzen lassen. Die Masse dann in die KitchenAid umfüllen.

2 Die Gewürze, das Natron, das Ei und das Mehl hinzugeben und zu einem Teig verkneten. Den Teig dann im Kühlschrank für mindestens 1 Stunde ruhen lassen und anschließend auf einer bemehlten Arbeitsfläche ½ cm dick ausrollen.

3 Die Figuren mithilfe der Schablone ausschneiden und dann auf ein mit Backpapier ausgelegtes Blech legen. Im vorgeheizten Ofen 8 Minuten backen.

4 Die Flügel der ausgekühlten Engel mit Blattgold verzieren. Mit einem dickeren Haarpinsel das Blattgold vorsichtig aufnehmen und auf die Flügel legen. Dann mit dem Pinsel leicht andrücken. Nach Belieben mit Sternchen bestreuen.

Honigkuchenherzen

ca. 40 Stück

BACKZEIT: 8–10 MINUTEN
BEI 180 °C UMLUFT/200 °C
OBER- UND UNTERHITZE

Teig:

500 g Weizenmehl
4 TL Lebkuchengewürz
300 g Honig
75 g brauner Kandisfarinzucker (feiner Kandiszucker)
50 g Butter
½ TL Hirschhornsalz
½ TL Pottasche
1 EL Wasser
1 Ei

Verzierung:

1 Eiweiß
250 g Puderzucker
Liebesperlen nach Belieben

1 Den Honig, den Zucker und die Butter in einem Topf erwärmen, bis sich der Zucker etwas gelöst hat. Die Masse abkühlen lassen.

2 Das Hirschhornsalz und die Pottasche im Wasser auflösen.

3 Das Mehl und das Lebkuchengewürz in der KitchenAid-Rührschüssel vermischen. Das Ei, das aufgelöste Gewürz, sowie die Honigmasse hinzugeben und zu einem glatten Teig verkneten.

4 Den Teig zu einer Kugel formen und in Folie gewickelt über Nacht bei Zimmertemperatur ruhen lassen.

5 Den Teig portionsweise auf einer bemehlten Arbeitsfläche ca. ½ cm dick ausrollen. Handtellergroße Herzen ausstechen und auf ein mit Backpapier ausgelegtes Blech setzen. Im vorgeheizten Ofen 8–10 Minuten backen.

6 Für die Glasur das Eiweiß zusammen mit dem Puderzucker aufschlagen. Mithilfe einer Spritztülle die Lebkuchenherzen verzieren und nach Belieben mit Liebesperlen bestreuen.

Um den Honigkuchen-Geschmack zu unterstreichen, 8 EL Honig und 3 EL Orangensaft erhitzen und die Herzen anstelle der Eiweiß-Puderzuckerverzierung mit dieser Mischung bepinseln. Die frisch bestrichenen Honigkuchenherzen nach Belieben mit Schokoladenstreuseln verzieren, diese bleiben an der Honig-Orangensaft-Mischung kleben.

Xmas

Zimtsterne

ca. 45 Stück

BACKZEIT: 10–15 MINUTEN
BEI 180 °C UMLUFT/200 °C
OBER- UND UNTERHITZE

Teig:

500 g Puderzucker (fein gesiebt) + ein wenig zum Bestäuben der Arbeitsfläche
300 g gemahlene Haselnüsse
400 g gemahlene Mandeln
1 Prise Zimt
6 Eiweiß
1 Prise Salz
2 Tütchen Vanillezucker
2 Tropfen Bittermandelöl
2 Tropfen Kirschwasser

Glasur:

1 Eiweiß
10 EL Puderzucker (fein gesiebt)

Dieses Rezept z. B. parallel zum Rezept „Zitronenherzen" auf Seite 46 backen, denn dort werden 6 Eigelb benötigt …

1 Das Eiweiß mit dem KitchenAid-Schneebesen steif schlagen. Für die Glasur 10 EL Eischnee beiseitestellen. In den restlichen Eischnee langsam den fein gesiebten Puderzucker einrieseln lassen und kurz weiter aufschlagen.

2 Die Nüsse, den Zimt, das Salz, den Vanillezucker sowie je 2 Tropfen Bittermandelöl und Kirschwasser hinzugeben und die Zutaten mit dem Flachrührer langsam vermengen.

3 Die Arbeitsfläche mit Puderzucker bestäuben und den Teig ½ cm dick ausrollen. Die Ausstechförmchen in Puderzucker tauchen, Sterne ausstechen und auf ein mit Backpapier ausgelegtes Backblech legen. Falls nötig, die ausgerollte Teigplatte vor dem Ausstechen etwas trocknen lassen, dann klebt der Teig nicht so. Ansonsten die ausgestochenen Sterne mindestens 2 Stunden trocknen lassen.

4 Den beiseitegestellten Eischnee mit 10 EL fein gesiebtem Puderzucker cremig aufschlagen.

5 Die Sterne mit dem Zucker-Eischnee bestreichen. Die Plätzchen dann auf der untersten Schiene im vorgeheizten Ofen 10–15 Minuten backen und danach abkühlen lassen.

Zitronenherzen

ca. 45 Stück

BACKZEIT: 5–7 MINUTEN
BEI 180 °C UMLUFT/200 °C
OBER- UND UNTERHITZE

Teig:

Abrieb einer Bio-Zitrone
6 Eigelb
250 g feiner Zucker
2 Tütchen Vanillezucker
2 Msp. Backpulver
500 g gemahlene Haselnüsse

Glasur:

250 g Puderzucker
Saft ½ Bio-Zitrone

Verzierung:

150 g Puderzucker
1 EL Wasser

1 Die Eigelb, den Zucker, den Vanillezucker und den Abrieb einer Bio-Zitrone in der KitchenAid mit dem Flachrührer zu einem schaumigen Teig schlagen. Das Backpulver und die Haselnüsse unterheben und gut durchkneten.

2 Den Teig auf einer bemehlten Arbeitsfläche ½ cm dick ausrollen. Mit einer Ausstechform die Herzen ausstechen und auf ein mit Backpapier ausgelegtes Backblech legen. Die Plätzchen 5–7 Minuten im vorgeheizten Ofen backen.

3 Für die Glasur den Puderzucker und den Zitronensaft verrühren und die gebackenen Plätzchen damit lasieren.

4 Besonders schön werden die Zitronenherzen, wenn man sie nach dem Trocknen der Zitronenlasur mit einem dicken Guss aus Puderzucker und Wasser verziert. Dazu das Wasser in den Puderzucker rühren und den Rand der Herzen nachzeichnen.

Kleine Portionen Guss in die Ecke eines Gefrierbeutels füllen und ohne Lufteinschluss zuknoten, die Ecke dann aufschneiden. So basteln Sie sich handliche und kostengünstige Zuckerschrifttüten.

Dieses Rezept z. B. parallel zum Rezept „Zimtsterne" auf Seite 44 backen, denn dort werden 6 Eiweiß benötigt …

Pfefferkuchen

ca. 100 Stück

✻✻✻✻✻✻

BACKZEIT: 5 MINUTEN
BEI 180 °C UMLUFT/200 °C
OBER- UND UNTERHITZE

Teig:

500 g Weizenmehl
2 EL Pfefferkuchen-Gewürz
375 g Honig
40 g Schweineschmalz
250 g brauner Rohrzucker
1 EL Hirschhornsalz
2 EL Rosenwasser
1 EL Pottasche

Verzierung:

1 Eigelb
150 g Mandelstifte

Je länger der Teig vor der Weiterverarbeitung ruht, desto aromatischer wird er!

1 Den Honig, das Schweineschmalz und den Zucker in einem Topf aufkochen und dann abkühlen lassen. Parallel dazu das Hirschhornsalz in 2 EL Rosenwasser auflösen. Anschließend zur Gewürz-Grütze dazugeben und durchrühren.

2 Das Pfefferkuchengewürz, das Mehl und die Pottasche in die KitchenAid geben und mit dem Flachrührer vermengen. Die Gewürz-Grütze unter ständigem Rühren hinzugeben.

3 Den Teig in Folie einwickeln und dann 3–6 Tage bei Zimmertemperatur ruhen lassen. Den fermentierten Teig auf einer bemehlten Fläche hauchdünn (2 mm dick) ausrollen.

4 Den Pfefferkuchen-Teig in Quadrate schneiden und auf ein mit Backpapier ausgelegtes Backblech legen. Mit gequirltem Eigelb bestreichen. Jeweils 5 Mandelstifte in die Mitte der Plätzchen drücken. Dann 5 Minuten im vorgeheizten Ofen backen.

Mandelhörnchen

ca. 35 Stück

✻✻✻✻✻✻

BACKZEIT: 15 MINUTEN
BEI 180 °C UMLUFT/200 °C
OBER- UND UNTERHITZE

Teig:

200 g gehobelte Mandeln
3 Eiweiß
200 g Zucker
1 Prise Salz
500 g Marzipan

Verzierung:

400 g Zartbitterkuvertüre

1 Das Eiweiß in der KitchenAid mit dem Schneebesen steif schlagen. Den Zucker und das Salz einrieseln lassen.

2 Die Marzipan-Rohmasse in einer Rührschüssel zerbröseln und dann unter die Zuckermischung heben und gut vermischen. Es entsteht eine klebrige Masse.

3 Aus dem Teig mit feuchten Händen Zeigefinger-große und -dicke Rollen formen und in den Mandeln wälzen.

4 Die Rollen auf einem mit Backpapier ausgelegten Blech zu Hörnchen formen. Die Mandelhörnchen im vorgeheizten Ofen 15 Minuten backen.

5 Die Schokolade im Wasserbad erhitzen und die Gebäck-Enden in die flüssige Schokolade tunken.

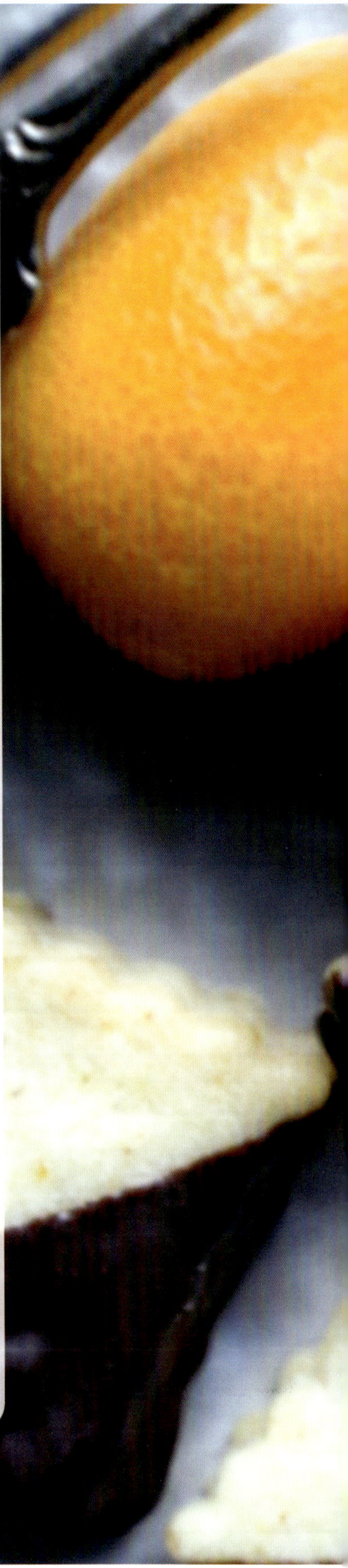

ca. 45 Stück

BACKZEIT: 5 MINUTEN
BEI 160 °C UMLUFT/180 °C
OBER- UND UNTERHITZE

Teig:

300 g Weizenmehl
50 g Bio-Orangeat
50 ml Orangenlikör (Grand Marnier)
Abrieb einer Bio-Orange
50 g geriebene Mandeln
200 g gesalzene Butter
100 g Puderzucker
2 Tütchen Bourbon-Vanillezucker
1 Ei
1 TL Backpulver

Füllung/Verzierung:

200g Orangenmarmelade
100 g Blockschokolade (mind. 40 % Kakao)

Das Orangeat können Sie ganz leicht selbst herstellen, das Rezept finden Sie auf Seite 68.

1 Die Mandeln zusammen mit dem Orangeat und dem Orangenabrieb im KitchenAid-Blender mit der Messerfunktion zu feinem Mehl mahlen.

2 Die Butter, den Puderzucker, den Vanillezucker, das Ei und den Likör mit dem Flachrührer zu einer schaumigen Masse verrühren. Das Mehl, das Backpulver und die Orangen-Mandel-Mischung unterrühren.

3 Den Teig mit Folie abdecken und im Kühlschrank drei Stunden ruhen lassen. Anschließend auf einer bemehlten Arbeitsfläche hauchdünn (2 mm dick) ausrollen.

4 Den Teig in Quadrate schneiden und auf ein mit Backpapier ausgelegtes Backblech legen und 5 Minuten backen. Dann abkühlen lassen.

5 Die Orangenmarmelade in einem Topf auflösen. Die Hälfte der Plätzchen damit bestreichen. Die andere Hälfte darauf setzen. Die Doppelkekse trocknen lassen. Anschließend die Schokolade im Wasserbad flüssig werden lassen und die Kekse zur Hälfte hinein tunken.

Herbe Herren

Zitronenplätzchen

ca. 60 Stück

BACKZEIT: 10 MINUTEN
BEI 180 °C UMLUFT/200 °C
OBER- UND UNTERHITZE

Teig:

500 g Weizenmehl
300 g Butter
250 g Zucker
4 Eigelb
Abrieb einer Bio-Zitrone

Glasur:

250 g Puderzucker
Saft ½ Bio-Zitrone

Verzierung:

Liebesperlen nach Belieben

1 Die Butter und den Zucker mit dem Flachrührer schaumig schlagen.

2 Das Eigelb und die Zitronenschale unterheben und vermengen. Das Mehl nach und nach unterrühren. Den Teig dann kurz im Kühlschrank ruhen lassen.

3 Den Teig auf einer bemehlten Arbeitsfläche ca. 4 mm dick ausrollen. Mithilfe von Förmchen beliebige Motive ausstechen. Die Plätzchen auf einem mit Backpapier ausgelegten Backblech verteilen. Dann im vorgeheizten Ofen etwa 10 Minuten goldgelb backen.

4 Den Zitronensaft nach und nach unter den Puderzucker mischen, dabei darauf achten, dass der Guss nicht zu flüssig wird. Die abgekühlten Kekse mit dem Zitronenguss und nach Belieben mit Liebesperlen verzieren.

Kleine Portionen Zitronenguss in die Ecke eines Gefrierbeutels füllen und ohne Lufteinschluss zuknoten, die Ecke dann aufschneiden. So basteln Sie sich handliche und kostengünstige Zuckerschrifttüten.

Tannenlichter

ca. 30 Stück

BACKZEIT: 10–13 MINUTEN
BEI 180 °C UMLUFT/200 °C
OBER- UND UNTERHITZE

Teig:

250 g Weizenmehl
50 g gemahlene Mandeln
150 g gesalzene Butter
75 g Zucker
1 Ei
3 EL Kondensmilch

Fenster:

30 klare Fruchtbonbons
(z. B. von Granini)

1 Die Butter und den Zucker mit dem Flachrührer schaumig rühren. Das Ei unterrühren. Die Kondensmilch, das Mehl und die Mandeln hinzugeben und zu einem glatten Teig verkneten.

2 Den Teig auf einer bemehlten Arbeitsfläche ca. 3 mm dick ausrollen, mit einer Ausstechform die Tannenbäume oder andere Motive ausstechen und auf ein mit Backpaper ausgelegtes Blech legen. Mit einem kleinen Ausstecher in den Tannenbaum-Plätzchen Sterne oder Kreise ausstechen.

3 Für die „Fenster" die Bonbons (nach Farben sortiert) im Blender mit der Messerfunktion klein hacken. Die Bonbonkrümel in die ausgestochenen Löcher der Plätzchen füllen.

4 Die Plätzchen 10–13 Minuten im vorgeheizten Ofen backen.

Diese Plätzchen werden ganz einfach zu einem schönen Baumschmuck: Hierzu vor dem Backen ein kleines Loch in den Teig stechen. Die Tannenlichter nach dem Backen abkühlen lassen (idealerweise über Nacht) und dann vorsichtig durch jedes Plätzchen ein Band zum Aufhängen fädeln.

ARTISAN

Linzer Weihnachtsringe

ca. 40 Stück

BACKZEIT: 8–10 MINUTEN
BEI 150 °C UMLUFT/170 °C
OBER- UND UNTERHITZE

Teig:

300 g Weizenmehl
200 g gesalzene Butter
100 g Puderzucker
4 Eigelb (hart gekocht)
1 Prise Zimt
1 Prise Kardamom
Mark einer Vanilleschote

Füllung:

300 g Johannisbeergelee
Puderzucker zum Bestäuben

Kleine Portionen Gelee in die Ecke eines Gefrierbeutels füllen und ohne Lufteinschluss zuknoten, die Ecke dann aufschneiden. So basteln Sie sich handliche und kostengünstige Spritzbeutel.

1 Die Butter, den Puderzucker und das Eigelb mit dem Flachrührer zu einem schaumigen Teig schlagen. Den Zimt, den Kardamom und das Vanillemark hinzugeben. Das Mehl unterkneten. Den Teig in Folie wickeln und im Kühlschrank mindestens 2 Stunden ruhen lassen.

2 Den Teig auf einer bemehlten Arbeitsfläche ca. 3 mm dick ausrollen. Mithilfe einer runden Ausstechform Kreise ausstechen, abwechselnd mit und ohne Loch in der Mitte. Um das Loch auszustechen, eine kleinere Ausstechform verwenden. Die Plätzchen auf ein mit Backpapier ausgelegtes Backblech legen. Für 8–10 Minuten goldgelb backen und dann abkühlen lassen.

3 Das Johannisbeergelee im Topf leicht erwärmen, bis es flüssig wird. Die Plätzchen ohne Loch mit Gelee bestreichen und die Plätzchen mit Loch mit Puderzucker bestäuben und darauf setzen. Das übrige Gelee mithilfe eines Spritzbeutels in den Öffnungen der Kekse verteilen.

Quarkstollen

4 kleine Stollen

✻✻✻✻✻✻

BACKZEIT: 50 MINUTEN
BEI 140 °C UMLUFT/160 °C
OBER- UND UNTERHITZE

Teig:

500 g Weizenmehl
50 g Bio-Orangeat
50 g Soft-Aprikosen
250 g geschälte, gemahlene Mandeln
250 g ungeschälte, gehackte Mandeln
300 g Rosinen
150 ml Rum
175 g gesalzene Butter
150 g Zucker
1 Tütchen Bourbon-Vanillezucker
2 Eier
1 Prise Ingwerpulver
1 Prise Zimt
1 Prise Muskat
1 Prise Kardamom
4 Tropfen Bittermandelöl
250 g Quark (mind. 20 % Fett)
1 Tütchen Backpulver

Füllung:

400 g Marzipan
100 g Butter

Verzierung:

150 g Butter
4 Tütchen Vanillezucker
8 EL Puderzucker

1 Das Orangeat, die Aprikosen und 50 g der gemahlenen Mandeln im Blender mit der Messerfunktion fein hacken. Die Rosinen mit dem Rum übergießen und zur Mandelmischung hinzugeben. Die Masse dann bei Zimmertemperatur mindestens 10 Stunden ziehen lassen. Zwischendurch umrühren.

2 Falls nötig, den überschüssigen Rum von der Rosinenmischung abgießen. Die Rosinenmischung und alle restlichen Zutaten für den Teig mit dem Knethaken zu einem glatten, festen Teig verkneten und den Teig in 4 Portionen teilen.

3 Für die Füllung mit dem Knethaken das Marzipan mit der Butter verkneten.

4 Auf einer bemehlten Arbeitsfläche aus den Teigteilen jeweils eine ca. 2 cm dicke rechteckige Platte ausrollen, die zu einem Drittel (an der linken Seite) etwas dünner gerollt wird. Die dünnere linke Seite nach rechts einschlagen.
Die Marzipanmasse vierteln, rollen und jeweils mittig auf die verbleibende Fläche legen. An den Ober- und Unterkanten etwas Platz lassen. Zuerst die rechte Teigseite über das Marzipan klappen, dann die linke, bereits eingerollte Seite, ebenfalls zuklappen.

5 Die Enden vorsichtig verschließen und herausschauende Rosinen entfernen, da diese beim Backen verbrennen würden. Den Stollen in Folie wickeln und mindestens 2 Stunden, idealerweise über Nacht, kalt stellen.

6 Die Stollen zwischen 2 umgedrehten Kastenformen (o. ä.) auf ein mit Backpapier ausgelegtes Backblech legen, damit sie beim Backen nicht zu flach werden. Die Stollen dann etwa 50 Minuten backen.

7 Für die Verzierung die Butter schmelzen und die noch warmen Stollen damit bestreichen. Jeweils mit einem Tütchen Vanillezucker und 2 EL gesiebtem Puderzucker bestäuben.

Das Orangeat können Sie ganz leicht selbst herstellen, das Rezept finden Sie auf Seite 68.

Ingwer-Schnee

ca. 40 Stück

BACKZEIT: 12 MINUTEN
BEI 160 °C UMLUFT/180 °C
(OBER- UND UNTERHITZE)

Teig:

280 g Weizenmehl
60 g kandierter Ingwer
Abrieb einer Bio-Zitrone
1 Prise Kardamom
200 g gesalzene Butter
100 g Puderzucker
1 Ei
1 TL Backpulver
50 g gepuffter Amaranth

Verzierung:

100 g Puderzucker
3 EL Zitronensaft

1 Den Ingwer, den Zitronenabrieb und den Kardamom im Blender mit der Messefunktion fein hacken.

2 Die Butter und den Puderzucker mit dem Flachrührer schaumig rühren und das Ei hinzufügen. Die Ingwermischung, das Backpulver, das Mehl und den Amaranth hinzugeben und zu einem glatten Teig verrühren. Den Teig 3 Stunden kalt stellen.

3 Den Teig auf einer bemehlten Arbeitsfläche ca. 3 mm dick ausrollen. Mithilfe von Förmchen beliebige Motive ausstechen. Die Plätzchen auf ein mit Backpapier ausgelegtes Backblech legen und im vorgeheizten Backofen 12 Minuten goldbraun backen.

4 Für die Verzierung den Puderzucker mit dem Zitronensaft vermischen und die Plätzchen damit dekorieren.

Für die Glasur können Sie statt des Zitronensafts auch den Saft verwenden, der beim Reiben von frischem Ingwer austritt, so wird der Keks ganz besonders aromatisch.

Kleine Portionen Zitronenguss in die Ecke eines Gefrierbeutels füllen und ohne Lufteinschluss zuknoten, die Ecke dann aufschneiden. So basteln Sie sich handliche und kostengünstige Zuckerschrifttüten.

Schokoladen-Baiser-Rauten

ca. 25 Stück

BACKZEIT: 40–50 MINUTEN
BEI 180 °C UMLUFT/200 °C
OBER- UND UNTERHITZE

Teig:

400 g Blockschokolade
(mind. 40 % Kakao)
200 g Butter
320 g Zucker
6 Eier
4 EL Mehl

Verzierung:

Puderzucker zum Bestäuben
Früchte nach Belieben

1 Die Blockschokolade im Wasserbad schmelzen. Die Butter und den Zucker hinzugeben und zerlassen.

2 Die Eier trennen, die Eigelb und das Mehl unter die Schokoladenmasse heben. Das Eiweiß mit dem Schneebesen steif schlagen und vorsichtig unter die Schokoladenmasse heben.

3 Den Teig in ein tiefes, mit Backpapier belegtes, Backblech geben und im vorgeheizten Ofen 40–50 Minuten backen. Abkühlen lassen. Anschließend mit Puderzucker bestäuben, in Rauten schneiden und nach Belieben mit Früchten garnieren.

Mit 1 TL Zimt in der Zutatenliste schmeckt diese Leckerei besonders weihnachtlich.

Bio-Orangeat und Bio-Zitronat

je 3–4 kleine Gläser

BACKZEIT: 2–3 STUNDEN
BEI 60 °C UMLUFT/80 °C
OBER- UND UNTERHITZE

Orangeat:

2 Bio-Orangen
ca. 150 g Zucker (abhängig vom Gewicht der abgekochten Orangenschale)
50 ml Wasser

Zitronat:

3 Bio-Zitronen
ca. 150 g Zucker (abhängig vom Gewicht der abgekochten Zitronenschale)
50 ml Wasser

1 Die Früchte unter heißem Wasser gründlich waschen, abtrocknen, schälen und die Stiele entfernen. Den Saft auspressen.

2 Die Schale in den Blender geben und mit der Messerfunktion kurz klein hacken. Die Schale sollte zwar krümelig werden, aber nicht matschig.

3 Die gehackte Schale in einen Topf geben, mit heißem Wasser bedecken und etwa 3 Minuten aufkochen. Diesen Vorgang insgesamt dreimal wiederholen und dabei jedes Mal frisches Wasser nehmen, um die Bitterstoffe zu entziehen.

4 Die abgekochte Schale gut abtropfen lassen und wiegen. Die gleiche Menge an Zucker, das Wasser sowie den Saft der geschälten Früchte hinzugeben. Erneut im Topf aufkochen. Die Masse ca. 1 Stunde bei schwacher Hitze einkochen, so lange, bis kaum noch Flüssigkeit vorhanden ist. Gelegentlich umrühren.

5 Ein Backblech mit Backpapier auslegen und die Masse 2–3 Stunden im Backofen bei 60 °C trocknen.

In kleine Weckgläser verpackt, ist das selbstgemachte Orangeat bzw. Zitronat in der Adventszeit ein wunderbares Mitbringsel für ambitionierte Köche und Bäcker. Wird es kühl und trocken gelagert, ist es bis zu 3 Monate haltbar.

Vanillekipferl

ca. 60 Stück

BACKZEIT: 15 MINUTEN
BEI 160 °C UMLUFT/180 °C
OBER- UND UNTERHITZE

Teig:

Mark einer Vanilleschote
300 g Weizenmehl
80 g Puderzucker
175 g gesalzene Butter
2 Eigelb
100 g geschälte, gemahlene Mandeln

Verzierung:

10 Tütchen Vanillezucker

1 Die Zutaten mit dem Flachrührer zu einem glatten Teig verarbeiten.

2 Den Teig in 4 Portionen teilen, zu Rollen formen und in Folie gewickelt mindestens 2 Stunden kalt stellen.

3 Die Teigrollen in Scheiben schneiden, aus diesen fingerdicke Hörnchen formen und auf ein mit Backpapier ausgelegtes Backblech legen. Die Vanillekipferl im vorgeheizten Ofen etwa 15 Minuten backen, bis sie hellgelb sind.

4 Die noch warmen Kipferl vorsichtig im Vanillezucker wälzen und dann abkühlen lassen.

Achtung: Die Vanillekipferl sind sehr zerbrechlich.

Den Teig zwischendurch und vor dem Backen immer wieder kühl stellen, so wird er weniger klebrig und zerbrechlich.

ca. 25 Stück

BACKZEIT: 15 MINUTEN
BEI 150 °C UMLUFT/170 °C
OBER- UND UNTERHITZE

Teig:

160 g Weizenmehl
200 g Erdnussbutter
100 g brauner Rohrzucker
2 Eier
1 Tütchen Bourbon-Vanillezucker

Verzierung:

50 g Pistazien
10 g Kokosfett
100 g weiße Kuvertüre

1 Die Erdnussbutter, die Eier, den Zucker und den Bourbon-Vanillezucker mit dem Flachrührer zu einer schaumigen Masse schlagen. Das Mehl hinzufügen und zu einem glatten Teig verkneten. Den Teig mindestens 3 Stunden kalt stellen, anschließend noch einmal gut durchkneten, er wird etwas krümelig.

2 Den Teig auf einer bemehlten Arbeitsfläche ca. 1,2 cm dick ausrollen. Mithilfe einer runden Ausstechform Kreise ausstechen. Mit einer kleineren Form Öffnungen in die Kreise stechen. Die Ringe auf ein mit Backpapier ausgelegtes Backblech setzen und im vorgeheizten Ofen 15 Minuten backen. Anschließend auskühlen lassen.

3 Die Pistazien im Blender mit der Messerfunktion fein mahlen.

4 Die Kuvertüre zusammen mit dem Kokosfett im Wasserbad schmelzen.

5 Die fertigen Plätzchen jeweils zur Hälfte in die flüssige Schokolade tunken, antrocknen lassen und schließlich mit Pistazienstaub bestreuen.

Erdnuss-Pistazien-Ringe

Dreierlei Makronen

ca. 30 Stück

✻ ✻ ✻ ✻ ✻ ✻

BACKZEIT: 8 MINUTEN
BEI 160 °C UMLUFT /180 °C
OBER- UND UNTERHITZE

Basis-Teig:

250 g Puderzucker

4 Eiweiß

1 Spritzer Zitronensaft

1 Prise Salz

Kokosmakronen:

200 g Kokosflocken

200 g Zartbitterkuvertüre im erhitzbaren Beutel

Walnussmakronen:

250 g Walnüsse + 100 g für die Verzierung

½ TL Zimt

Mandelmakronen:

200 g gestiftete Mandeln

80 g brauner Rohrzucker

½ TL Zimt

½ TL Kardamom

100 g Blockschokolade (mindestens 40 % Kakao)

Basis-Teig

Den Puderzucker auf einen Teller oder auf Backpapier sieben. Das Eiweiß in der KitchenAid zu sehr steifem Schnee schlagen. Den Zitronensaft und das Salz nach 2–3 Minuten hinzufügen. Den gesiebten Puderzucker bei laufender Maschine portionsweise in den Eischnee rieseln lassen.

Kokosmakronen

Für die Kokosmakronen die Kokosflocken unter den Basis-Teig heben. Mit 2 kleinen Löffeln kleine Häufchen des Kokos-Eischnees auf ein mit Backpapier ausgelegtes Blech setzen. Die Makronen im vorgeheizten Ofen 8 Minuten backen. Den Beutel Kuvertüre im Wasserbad erhitzen, bis die Schokolade flüssig wird.
Eine Ecke des Beutels abschneiden, sodass eine kleine Öffnung entsteht und ein dünner Strahl Schokolade ausfließen kann.
Die ausgekühlten Makronen mit der Kuvertüre verzieren.

Walnussmakronen

Die Walnüsse im Blender mit der Messerfunktion kurz grob zerkleinern und zusammen mit dem Zimt unter den Basis-Teig heben. Mit 2 kleinen Löffeln kleine Häufchen des Walnuss-Eischnees auf ein mit Backpapier ausgelegtes Blech setzen und jeweils mit einer halben Walnuss garnieren. Die Makronen im vorgeheizten Ofen 8 Minuten backen.

Gebrannte Mandelmakronen

Die Mandeln auf ein mit Backpapier ausgelegtes Backblech legen und mit braunem Zucker bestreuen, dann im vorgeheizten Ofen 10 Minuten rösten. Die Blockschokolade im Blender mit der Messerfunktion nicht zu fein hacken und zusammen mit den abgekühlten Mandeln, dem Zimt und dem Kardamom unter den Basis-Teig heben. Mit 2 kleinen Löffeln kleine Häufchen auf ein mit Backpapier ausgelegtes Backblech setzen. Die Plätzchen im vorgeheizten Ofen 8 Minuten backen.

Nussecken

ca. 45 Stück

BACKZEIT: 20–30 MINUTEN
BEI 170 °C UMLUFT /190 °C
OBER- UND UNTERHITZE

Teig:

500 g Weizenmehl
4 Eier
250 g Margarine
250 g Zucker
2 Tütchen Vanillezucker
1 TL Backpulver

Belag:

200 g Haselnüsse
200 g Walnüsse
250 g Aprikosenkonfitüre
200 g Butter
200 g Zucker
2 EL Kokosflocken
2 EL Wasser

Verzierung:

400 g Zartbitterkuvertüre

1 Die Eier und die Margarine in der KitchenAid mit dem Flachrührer schaumig rühren. Den Zucker und den Vanillezucker unterkneten, das Mehl und das Backpulver unterheben.

2 Den Teig auf einem bemehlten Backblech ausrollen. Die Aprikosenkonfitüre erwärmen und den Teig damit bestreichen.

3 Die Nüsse im Blender mit der Messerfunktion grob hacken. Die Butter und den Zucker in der Pfanne schmelzen. Die Nüsse in der Butter rösten. 2 EL Kokosflocken untermischen. Die Masse mit 2 EL Wasser verflüssigen und über dem Teig verteilen.

4 Den Teig im vorgeheizten Ofen 20–30 Minuten backen. Anschließend den noch warmen Teig in kleine Dreiecke schneiden.

5 Die Kuvertüre im Wasserbad schmelzen und 2 von 3 Ecken in die Schokolade tauchen.

Den lauwarmen Kuchen luftdicht in einer Plastiktüte verpacken, so wird er besonders saftig. Möchten Sie den Kuchen veredeln, bestreuen Sie ihn mit Puderzucker oder überziehen Sie ihn mit 400 g flüssiger Zartbitterkuvertüre.

Marzipan-Schokoladen-Kuchen

ca. 25 Stücke

BACKZEIT: 30 + 60 MINUTEN
BEI 160 °C UMLUFT /180 °C
OBER- UND UNTERHITZE
KASTENFORM 30–35 CM

Teig:

400 g Weizenmehl
100 g Marzipan
6 EL Kakaopulver
300 g gesalzene Butter
200 g Zucker
1 Tütchen Bourbon-Vanillezucker
6 EL Rum
6 Tropfen Bittermandelöl
5 Eier
1 Tütchen Backpulver
9 EL Milch

Außerdem:

Margarine zum Einfetten der Form

1 Das Marzipan, die Butter und den Zucker mit dem Flachrührer schaumig schlagen. Den Bourbon-Vanillezucker, den Rum und das Bittermandelöl hinzufügen. Die Eier nacheinander unterrühren. Das Mehl und das Backpulver unter ständigem Rühren hinzufügen. 3 EL Milch hinzugeben und erneut kräftig aufschlagen, bis der Teig weiß wird. ⅔ des Teiges beiseitestellen.

2 Den Kakao und die restliche Milch gleichmäßig unter den verbliebenen Teig rühren. Den dunklen Teig in die eingefettete Kastenform füllen. Den Kuchen im vorgeheizten Ofen ca. 30 Minuten backen. Mit einem Holzspieß die Garprobe machen.

3 Den Kuchen erkalten lassen und dann in etwa 1 ½ cm dicke Scheiben schneiden. Aus den Scheiben mithilfe eines Ausstechers (Ø 4–5 cm) Sterne ausstechen.

4 Die Kastenform erneut einfetten und den Boden der Form ca. 1 cm dick mit dem hellen Teig befüllen. Die ausgestochenen Sterne aufrecht und hintereinander in den Teig setzen. Den restlichen hellen Teig vorsichtig und gleichmäßig rechts und links neben den Sternen verteilen. Den restlichen Teig über den Sternen abschließend glatt streichen.

5 Den Kuchen im vorgeheizten Backofen 60 Minuten backen.

Bethmännchen

ca. 25 Stück

✻✻✻✻✻✻

BACKZEIT: 20 MINUTEN
BEI 150 °C UMLUFT / 170 °C
OBER- UND UNTERHITZE

Teig:

250 g Marzipan
30 g Weizenmehl
1 Eiweiß
60 g Puderzucker

Verzierung:

1 Eigelb
2 EL Sahne
50 g Mandelstifte

1 Das Marzipan im Blender mit der Messerfunktion grob hacken.

2 Die Marzipanraspel zusammen mit dem Eiweiß, dem Puderzucker und dem Mehl in der KitchenAid mit dem Flachrührer zu einem glatten Teig kneten.

3 Aus dem Teig nussgroße Kugeln formen, auf ein mit Backpapier ausgelegtes Backblech setzen und dabei zu einem vierseitigen Kegel formen.

4 Für die Verzierung das Eigelb und die Sahne mischen. Den Kegel damit bestreichen und an jeder Kegelseite mit einem Mandelstift verzieren.

5 Die Bethmännchen im vorgeheizten Ofen 20 Minuten backen.

Anstelle der Mandelstifte können Sie die Bethmännchen auch mit geviertelten und getrockneten Cranberries verzieren.

Rum-Nuss-Gugelhupf

ca. 22 Stücke

BACKZEIT: 50/25 MINUTEN
BEI 170 °C UMLUFT /190 °C
OBER- UND UNTERHITZE
GUGELHUPFFORM (Ø 26 CM)
ODER 7 KLEINE GUGELHUPFE
(Ø JE 8–10 CM)

Teig:

250 g Weizenmehl
12 EL Rum
100 g Walnüsse
150 g Haselnüsse
275 g Butter
150 g brauner Rohrzucker
1 Tütchen Bourbon-Vanillezucker
4 Eier
2 TL Backpulver

Verzierung:

200 g Zartbitterkuvertüre im erhitzbaren Beutel
200 g Vollmilchkuvertüre im erhitzbaren Beutel
25 g Pekannüsse
25 g Walnüsse

Außerdem:

Margarine zum Einfetten der Form
Mehl oder Paniermehl zum Bestäuben der Form

1 Die Walnüsse und die Haselnüsse im Blender mit der Messerfunktion zerhacken. Die Nüsse anschließend in einer Pfanne ohne Fett kurz rösten.

2 Die Butter, den Zucker, den Vanillezucker und die Eier mit dem Flachrührer der KitchenAid schaumig schlagen.

3 Das Mehl, das Backpulver und die gerösteten Nüsse hinzugeben und vermischen.

4 Die Teigmasse in die gefettete(n) und ausgepuderte(n) Gugelhupfform(en) füllen und ca. 50 Minuten (die kleinen Formen ca. 25 Minuten) im vorgeheizten Ofen backen. Mit dem Holzspieß die Garprobe machen.

5 Den heißen Kuchen mit dem Rum bepinseln und auskühlen lassen. Zunächst locker mit der dunklen, dann mit der hellen geschmolzenen Kuvertüre übergießen. Mit den Nüssen verzieren.

Klassisches Schwarz-Weiß-Gebäck

ca. 45 Stück

BACKZEIT: 10–12 MINUTEN
BEI 180 °C UMLUFT/200 °C
OBER- UND UNTERHITZE

Heller Teig:

125 g Weizenmehl
70 g Butter
75 g Zucker
1 Tütchen Vanillezucker
1 Eigelb
1 EL Rum
1 TL Backpulver

Dunkler Teig:

125 g Weizenmehl
70 g Butter
75 g brauner Rohrzucker
1 Tütchen Vanillezucker
1 Eigelb
3 EL Rum
1 TL Backpulver
2 EL Kakaopulver

Glasur:

1 Eiweiß
4 EL Wasser
8–10 EL brauner Rohrzucker

Für den hellen Teig die Butter, den Zucker, den Vanillezucker, das Eigelb und den Rum mit dem Flachrührer zu einem schaumigen Teig schlagen.
Das Mehl und das Backpulver unterkneten.

Für den dunklen Teig die Butter, den Zucker, den Vanillezucker, das Eigelb und den Rum mit dem Flachrührer zu einem schaumigen Teig schlagen. Das Mehl, das Kakaopulver und das Backpulver unterkneten.

Variante 1: Schachbrettplätzchen

Den dunklen und den hellen Teig zu jeweils fünf quadratischen Strängen formen (0,6 x 0,6 cm). Einen hellen Strang zu einer dünnen rechteckigen Platte ausrollen.
Die verbleibenden neun Stränge mit Eiweiß bestreichen und im gewünschten Schachbrettmuster an- bzw. aufeinander kleben.
Den so entstandenen quadratischen, dicken Strang noch einmal mit Eiweiß einpinseln und mit der dünnen hellen Teigplatte einwickeln.
Den gesamten Strang mit Wasser bestreichen und im Rohrzucker wälzen. Mindestens 1 Stunde kalt stellen.
Den Teig anschließend in ca. ½ cm dicke Scheiben schneiden und auf ein mit Backpapier ausgelegtes Backblech setzen.
Im vorgeheizten Ofen 10–12 Minuten backen.

Variante 2: Schneckenmuster

Sowohl den hellen als auch den dunklen Teig zu einer dünnen, rechteckigen Platte ausrollen.
Die dunkle Platte mit Eiweiß bepinseln und die helle Platte darauf kleben. Nun die helle Oberfläche der Doppelplatte mit Eiweiß besteichen.
Die Platte, beginnend an der langen Kante, fest einrollen.
Die Rolle mit Wasser bepinseln und in Rohrzucker wälzen. Mindestens 1 Stunde kalt stellen.
Den Teig anschließend in ca. ½ cm dicke Scheiben schneiden und auf ein mit Backpapier ausgelegtes Backblech setzen.
Im vorgeheizten Ofen 10–12 Minuten backen.

Winterbirnen

ca. 4 Portionen

BACKZEIT: 30 MINUTEN
BEI 180 °C UMLUFT/200 °C
OBER- UND UNTERHITZE
AUFLAUFFORM (Ø CA. 22 CM
ODER 4 FEUERFESTE FÖRMCHEN)

Teig:

100 g Blockschokolade (mind. 40 % Kakao)
50 g Butter
2 Eier
60 g Zucker
50 g gemahlene Haselnüsse
1 TL Backpulver

Belag:

4 reife Birnen
Saft ½ Bio-Zitrone

Verzierung:

Puderzucker zum Bestäuben
1 Tütchen Bourbon-Vanillezucker
½ TL Kardamom

Außerdem:

Margarine zum Einfetten der Form

1 Die Birnen schälen und das Kerngehäuse von unten entfernen.

2 Die Birnen in einen Topf legen und mit dem Zitronensaft übergießen. Wasser hinzugeben, bis die Birnen bedeckt sind. Etwa 5 Minuten kochen.

3 Die Schokolade und die Butter im Wasserbad schmelzen.

4 Die Eier trennen. Das Eiweiß mit dem Schneebesen steif schlagen und die Hälfte des Zuckers hinzufügen. Das Eigelb mit der anderen Hälfte des Zuckers verquirlen. Die Schokolade, die Haselnüsse und das Backpulver hinzugeben und das Eiweiß unterheben.

5 Die Schokoladenmasse in die gefettete Form füllen und die Birnen mittig platzieren. Im vorgeheizten Ofen ca. 30 Minuten backen. Auskühlen lassen und mit dem Puderzucker, dem Vanillezucker und dem Kardamom bestäuben.

Quittenschnitten

ca. 35 Stück

BACKZEIT: 12 MINUTEN
BEI 150 °C UMLUFT/170 °C
OBER- UND UNTERHITZE

Teig:

300 g Weizenmehl
200 g gesalzene Butter
100 g brauner Rohrzucker
1 Ei

Verzierung:

200 g Quittengelee
250 g Puderzucker
4 TL Wasser
1 Msp. rote Lebensmittelfarbe

1 Die Butter und den Zucker schaumig schlagen. Das Ei hinzugeben und unterrühren. Das Mehl zufügen und vermengen. Den Teig in Folie wickeln und mindestens 1 Stunde kalt stellen.

2 Den Teig auf einer bemehlten Arbeitsfläche ca. 3 mm dick ausrollen. Aus dem Teig mithilfe von Förmchen kleine Pilze ausstechen und auf ein mit Backpapier ausgelegtes Backblech legen.

3 Die Plätzchen 12 Minuten im vorgeheizten Ofen goldgelb backen. Kurz abkühlen lassen.

4 Das Gelee erhitzen, bis es flüssig wird und auf jedes zweite Plätzchen streichen. Die übrigen Plätzchen aufsetzen, sodass Doppelkekse entstehen.

5 Den Puderzucker mit dem Wasser glatt rühren. Die Hälfte der Masse mit roter Lebensmittelfarbe einfärben. Die rote Glasur auf die Köpfe der Pilzkekse spritzen. Mit der weißen Glasur kleine Punkte auftupfen und den Keksrand verzieren.

Kleine Portionen des Gusses in die Ecke eines Gefrierbeutels füllen und ohne Lufteinschluss zuknoten, die Ecke dann aufschneiden. So basteln Sie sich handliche und kostengünstige Zuckerschrifttüten.

Kakao-Walnuss-Bissen

ca. 60 Stück

BACKZEIT: 10 MINUTEN
BEI 160 °C UMLUFT/180 °C
OBER- UND UNTERHITZE

Teig:

2 EL Kakaopulver
60 g Walnüsse
175 g gesalzene Butter
1 Tütchen Vanillezucker
1 Eigelb
250 g Weizenmehl
75 g Puderzucker
1 TL Backpulver

Verzierung:

4 EL Puderzucker
2 EL Kakaopulver

1 Die Walnüsse im Blender mit der Messerfunktion fein hacken.

2 Die Butter und den Vanillezucker schaumig rühren. Das Eigelb hinzugeben. Das Mehl, den Puderzucker, das Backpulver und das Kakaopulver einrieseln lassen und vermengen.

3 Die gehackten Walnüsse in den Teig geben und gut vermischen. Den Teig in Folie wickeln und mindestens 1 Stunde kalt stellen.

4 Den Teig zu nussgroßen Kugeln formen und auf ein mit Backpapier belegtes Backblech setzen. Dann mit einer Gabel leicht flach drücken.

5 Die Kekse im vorgeheizten Ofen etwa 10 Minuten goldbraun backen.

6 Den Puderzucker und das Kakaopulver mischen und die abgekühlten Plätzchen damit bestäuben.

Um die Kugeln zu veredeln, können Sie sie mit einer halben Walnuss garnieren und nach dem Backen mit Zartbitterkuvertüre verzieren.

Eiserwaffeln

ca. 60 Stück

Teig:

250 g gesalzene Butter
250 g Zucker
4 Eier
500 g Weizenmehl
1 TL Zimt
Abrieb 1 Bio-Zitrone

Außerdem:

Margarine zum Einfetten des Waffeleisens

1 Die Butter und den Zucker mit dem Flachrührer zu einer schaumigen Masse rühren. Die Eier unterrühren. Das Mehl, den Zimt, das Salz und die Zitronenschale hinzugeben.

2 Aus dem Teig nussgroße Kugeln formen. Das Waffeleisen mit Margarine bestreichen und den Teig portionsweise ausbacken.

3 Die noch warmen Waffeln in einen Trichter schieben, um sie einzurollen. Alternativ den warmen Teig um einen Kochlöffel wickeln, um ihm auf diese Weise die gewünschte Form zu geben. Die Waffeln dann aushärten und trocknen lassen.

Achtung: Die Waffeln erkalten sehr schnell und lassen sich dann nicht mehr rollen!

Die Waffeln kurz vor dem Verzehr mit einer weihnachtlichen Piment-Sahne befüllen. Dazu 400 g Schlagsahne, 1 Prise Kardamom, 1 Prise Piment und 1 Prise Bourbon-Vanille steif schlagen und kurz vor dem Servieren in die abgekühlten Waffeln füllen.

1 Zopf

BACKZEIT: 40 MINUTEN
BEI 150 °C UMLUFT/170 °C
OBER- UND UNTERHITZE

Teig:

1 kg Weizenmehl
½ l Milch
1 Würfel frische Hefe
6 EL Zucker
6 EL Sonnenblumenöl
1 Ei

Glasur:

1 Eigelb
3 EL Milch
8 EL Hagelzucker (oder gehobelte Mandeln)

1 Das Mehl in die Rührschüssel geben. Eine Kuhle hineindrücken und die lauwarme Milch hineingeben. 2 TL des Zuckers und den Hefewürfel hineinbröseln und dann ca. ½ Stunde ruhen lassen.

2 Den restlichen Zucker, das Öl und das Ei hinzugeben und mit dem Knethaken zu einem glatten Teig kneten. Erneut ruhen lassen, bis sich der Teig mindestens verdoppelt hat.

3 Anschließend den Teig mit der Hand durchkneten, zu drei Strängen ausrollen und zu einem lockeren Zopf flechten. Für die Glasur das Eigelb und die Milch verrühren. Den Zopf auf ein mit Backpapier ausgelegtes Backblech legen und mit der Glasur bestreichen. Mit Hagelzucker oder wahlweise gehobelten Mandeln bestreuen.

4 Den Neujahrszopf im vorgeheizten Ofen ca. 40 Minuten goldgelb backen.

Bei einem Kilogramm Mehl empfiehlt es sich, den Teig zu teilen und zwei Zöpfe zu flechten. Der fertige Zopf lässt sich sehr gut einfrieren.

Neujahrszopf

1 2 4 6 8 10
ARTISAN
KitchenAid